Footsteps on the Austrian Asphalt: A Collection of Bilingual German-English Stories

Norwood Eleven

Published by Norwood Eleven, 2024.

While every precaution has been taken in the preparation of this book, the publisher assumes no responsibility for errors or omissions, or for damages resulting from the use of the information contained herein.

FOOTSTEPS ON THE AUSTRIAN ASPHALT: A COLLECTION OF BILINGUAL GERMAN-ENGLISH STORIES

First edition. May 21, 2024.

ISBN: 979-8224682225

Written by Norwood Eleven.

Table of Contents

Die Echoes des Abendrots

Inmitten von Österreich, wo die Berge lange Schatten über makellose Seen und zeitlose Dörfer werfen, lag eine gewisse Eleganz in der Luft, ein altmodischer Charme, der zur Seele sprach. Es war in dieser Umgebung, eingebettet in der prächtigen Stadt Salzburg, dass ich zum ersten Mal auf den rätselhaften Conrad von Eulenburg stieß. Sein Name schwebte durch die kopfsteingepflasterten Straßen wie ein Flüstern, ein verlockender Hauch alter Aristokratie, umhüllt von Schichten des Mysteriösen.

Salzburg im Sommer 1927 war ein Juwel Europas, ein Ort, an dem die Überreste des Habsburger Reiches noch in Form von grandioser Architektur und einer verfeinerten Gesellschaftsszene verweilten. Die barocken Gebäude der Stadt standen als stille Zeugen des Zeitverlaufs da, ihre Fassaden spiegelten die goldenen Farbtöne der untergehenden Sonne wider. Die Luft war erfüllt vom Klang klassischer Musik, als würde Mozart selbst jenseits des Grabes dirigieren.

Es war bei einem prächtigen Gartenfest, das von der Familie Schiller, prominenten Förderern der Künste, veranstaltet wurde, dass ich ihn zum ersten Mal sah. Der Garten war eine Symphonie aus Farben, mit sorgfältig gepflegten Blumen und Marmorstatuen, die über den Festlichkeiten wachten. Als das Abendlicht nachließ und einen sanften Glanz über die Szenerie warf, fand ich mich zu einer einsamen Gestalt am Rand des Spiegelsees hingezogen.

Conrad von Eulenburg war ein markanter Mann, groß und makellos gekleidet in einem anthrazitfarbenen Anzug, der anachronistisch und doch zeitlos erschien. Sein dunkles Haar war ordentlich nach hinten gekämmt, und seine Augen, ein durchdringender Blauton, schienen die Geheimnisse der Jahrhunderte zu bergen. Er stand abseits der Menge, seine Haltung distanziert, aber magnetisch, als wäre er eine Figur, die aus den Seiten der Geschichte herausgegriffen und in dieser verzauberten Umgebung zum Leben erweckt wurde.

Ich wurde von unserer Gastgeberin, Frau Schiller, einer matronenhaften Frau mit einer Vorliebe für das Verkuppeln, vorgestellt. "Conrad, das ist Herr Harper", sagte sie mit einem Lächeln. "Er ist ein amerikanischer Schriftsteller, der uns diesen Sommer besucht."

"Ah, ein Künstler", bemerkte Conrad, seine Stimme glatt und kultiviert. "Was bringt Sie in unsere kleine Ecke der Welt, Herr Harper?"

"Ich fühle mich von der Schönheit und Geschichte Salzburgs angezogen", antwortete ich und fühlte mich seltsam selbstbewusst unter seinem prüfenden Blick. "Es ist ein Ort, der außerhalb der Zeit zu existieren scheint."

"Tatsächlich", sagte er, sein Lächeln zu einem schwachen Schimmer geworden. "Salzburg hat eine Art, die Vorstellungskraft einzufangen."

Mit zunehmendem Verlauf des Abends fand ich mich immer mehr von Conrad fasziniert. Er war ein Mann von wenigen Worten, doch jede seiner Äußerungen schien ein Gewicht der Bedeutung zu tragen. Es lag eine Melancholie in seiner Luft, ein Gefühl, zu viel von der Welt gesehen und sie für unzureichend befunden zu haben.

Wir trafen uns im Laufe des Sommers noch mehrmals, oft im selben Garten oder bei anderen gesellschaftlichen Veranstaltungen. Jede Begegnung vertiefte das Rätsel um ihn. Er sprach wenig über seine Vergangenheit, aber es gab Gerüchte – Flüstern von einem großen Familienerbe, das im Chaos des Ersten Weltkriegs verloren gegangen war, von einer Liebesaffäre, die in Tragödie endete. Doch trotz der Traurigkeit, die ihn umgab, gab es auch einen Funken Trotz, als ob er sich weigerte, von den Launen des Lebens vollständig besiegt zu werden.

Eines Abends, als die Abenddämmerung den Himmel in Schattierungen von Lila und Gold malte, lud mich Conrad zu sich nach Hause ein. Es war eine prächtige alte Villa am Stadtrand von Salzburg, ein Relikt des österreichisch-ungarischen Reiches. Die Wände waren mit Porträts seiner Vorfahren geschmückt, streng aussehende Männer und Frauen, die uns mit einem Mix aus Stolz und Missbilligung überwachten.

Wir saßen in seinem Studium, einem Raum voller Bücher und Artefakte aus aller Welt. Ein Feuer knackte im Kamin und warf flackernde Schatten an die Wände. Conrad schenkte uns jeweils ein Glas gereiften Cognac ein, und wir ließen uns in tiefe Ledersessel fallen.

"Erzählen Sie mir, Herr Harper", begann er, "was suchen Sie in Ihrer Schriftstellerei?"

Ich überlegte die Frage sorgfältig. "Ich glaube, ich suche danach, die menschliche Verfassung zu verstehen", antwortete ich. "Die flüchtigen Momente von Schönheit und Trauer einzufangen, die unser Leben ausmachen."

Conrad nickte, sein Ausdruck nachdenklich. "Und finden Sie, dass dieses Verständnis Ihnen Frieden bringt?"

"Nein", gab ich zu. "Wenn überhaupt, macht es mich eher darauf aufmerksam, wie flüchtig wahres Verständnis ist."

Er lächelte schwach, als ob meine Antwort etwas bestätigt hätte, das er bereits wusste. "Wir alle sind Suchende, auf unsere eigene Weise", sagte er. "Wir jagen Schatten nach, versuchen das Unfassbare zu greifen."

Es herrschte eine lange Stille, erfüllt nur vom Knistern des Feuers. Schließlich sprach Conrad wieder, seine Stimme weicher, introspektiver. "Es gab eine Zeit, in der ich dachte, ich hätte meinen Platz in der Welt gefunden", sagte er. "Aber das Leben hat eine Art, unsere Gewissheiten zu entwirren."

Er erzählte mir dann, in stockenden, fragmentierten Sätzen, von der großen Liebe seines Lebens, einer Frau namens Isabella. Sie war die Tochter eines Wiener Bankiers, eine Frau von seltener Schönheit und

Anmut. Sie waren verlobt, ihre Zukunft schien gesichert, bis der Krieg sie auseinanderriss. Isabella starb bei einem

Bombenangriff, eine sinnlose Gewalttat, die Conrads Welt erschütterte.

"Seitdem bin ich nicht mehr derselbe", gestand er, seine Stimme kaum über ein Flüstern. "Es ist, als ob ein Teil von mir mit ihr gestorben wäre."

Der Raum schien kälter zu werden, die Schatten tiefer. Ich wollte einige tröstende Worte anbieten, aber ich wusste, dass nichts, was ich sagen könnte, seinen Schmerz lindern würde. Stattdessen saßen wir schweigend da, zwei verlorene Seelen, die in der Stille der Nacht einen Moment der Gemeinschaft fanden.

Mit den Wochen wurde ich zu einem regelmäßigen Besucher in Conrads Haus. Wir verbrachten lange Stunden damit, über Literatur, Philosophie und die Natur des Seins zu diskutieren. In unseren Gesprächen lag eine gewisse Trost, ein Gefühl, dass wir trotz unserer unterschiedlichen Hintergründe und Erfahrungen Seelenverwandte waren.

Doch unter der Oberfläche gab es immer eine Grundmelodie der Traurigkeit, das Gefühl, dass Conrad von seiner Vergangenheit heimgesucht wurde. Ich fragte mich oft, ob er jemals einen Weg finden würde, über seinen Kummer hinwegzukommen, um sich etwas Glück zurückzuerobern.

Eines Abends, als der Herbst begann, die Blätter in roten und goldenen Farben zu färben, machte Conrad einen überraschenden Vorschlag. "Lass uns eine Reise machen", sagte er. "Ich möchte dir etwas zeigen."

Am nächsten Morgen brachen wir früh auf, fuhren durch die sanften Hügel und malerischen Dörfer der österreichischen Landschaft. Die Landschaft war eine Farbpalette, die Luft frisch und belebend. Conrad schien lebhafter, animierter als je zuvor, als wäre die Reise ein Mittel zur Flucht vor seinen Geistern.

Unser Ziel war ein kleiner, abgelegener See in den Bergen. Es war ein Ort von atemberaubender Schönheit, das Wasser ein klares, smaragdgrünes, umgeben von hohen Kiefern und schroffen Gipfeln. Conrad führte mich zu einer Stelle am Ufer, wo ein kleines Holzboot vertäut war.

"Wir pflegten hierher zu kommen, Isabella und ich", sagte er, seine Stimme von Nostalgie geprägt. "Es war unser geheimer Ort, fernab der Welt."

Wir verbrachten den Tag damit, den See zu erkunden, über seine ruhigen Gewässer zu rudern und durch die umliegenden Wälder zu wandern. In dieser Umgebung schien Conrad zum Leben zu erwachen, sein Lachen hallte durch die Bäume. Es war, als hätte er für einen kurzen Moment einen Weg gefunden, die Freude zurückzugewinnen, die ihm genommen worden war.

Als die Sonne begann, sich zu senken und einen warmen Glanz über die Landschaft zu werfen, saßen wir auf einem Felsen, und starrten hinaus auf das Wasser. Conrad wandte sich mir zu, sein Ausdruck ernsthaft. "Danke, Herr Harper", sagte er. "Für deine Freundschaft und dafür, dass du mich daran erinnerst, dass es noch Schönheit in der Welt gibt."

Seine Worte bewegten mich zutiefst, und ich fühlte eine erneute Sinnhaftigkeit. Mir wurde klar, dass meine Zeit in Salzburg und meine Freundschaft mit Conrad mir eine neue Perspektive auf das Leben und die Kunst gegeben hatten. Sie hatten mir gezeigt, dass es selbst in Angesicht von Verlust und Trauer immer einen Hoffnungsschimmer gibt, eine Möglichkeit zur Erlösung.

Unser Ausflug an den See markierte einen Wendepunkt in unserer Freundschaft. Conrad schien mehr Frieden zu finden, war bereit, sich mehr auf die Welt um ihn herum einzulassen. Wir verbrachten weiterhin Zeit miteinander, teilten unsere Gedanken und Träume, und ich beobachtete, wie er langsam zu heilen begann.

Der Sommer ging zu Ende, und damit auch meine Zeit in Salzburg. Als ich mich darauf vorbereitete, nach Amerika zurückzukehren, verspürte ich einen Stich der Traurigkeit beim Gedanken daran, Conrad und die schöne Welt, die wir geteilt hatten, zu verlassen. An meinem letzten Abend in der Stadt saßen wir in seinem Studium, eine Flasche Wein zwischen uns.

"Ich werde dich vermissen, mein Freund", sagte Conrad, seine Stimme von Emotionen geprägt. "Du warst eine große Stütze für mich."

"Und du für mich", antwortete ich. "Ich werde unsere Zeit zusammen nie vergessen."

Wir verabschiedeten uns mit dem Versprechen, in Kontakt zu bleiben, und ich stieg mit schwerem Herzen in den Zug. Als sich die Landschaft Österreichs in der Ferne verlor, dachte ich über den tiefgreifenden Einfluss nach, den Conrad auf mein Leben hatte. Er hatte mir die Tiefe der menschlichen

Widerstandsfähigkeit gezeigt, die Kraft der Erinnerung und der Liebe und die bleibende Schönheit der Welt.

Jahre später erhielt ich einen Brief von Conrad. Er hatte eine lokale Frau geheiratet, und sie erwarteten ein Kind. Seine Worte waren voller Hoffnung und Dankbarkeit, und ich fühlte eine Woge der Freude beim Gedanken an sein neues Glück. Es war

eine Bestätigung des unbesiegbaren Geistes des Menschen, eine Erinnerung daran, dass selbst in den dunkelsten Zeiten immer die Möglichkeit zur Erneuerung besteht.

"Die Echoes des Abendrots" wurde der Titel meines nächsten Romans, inspiriert von meinen Erfahrungen in Salzburg und meiner Freundschaft mit Conrad. Es war eine Geschichte von Liebe und Verlust, vom Finden des Lichts in den Schatten und von der bleibenden Kraft des menschlichen Geistes. Als ich schrieb, fühlte ich Conrads Anwesenheit, die mich durch die Seiten führte, seine Weisheit und Widerstandsfähigkeit, die jedes Wort durchdrangen.

Der Roman wurde von der Kritik gefeiert, als eine ergreifende Erforschung der menschlichen Verfassung. Doch für mich war seine größte Belohnung zu wissen, dass er die Leben derer berührt hatte, die ihn lasen, genau wie Conrad mein Leben berührt hatte.

Jahre vergingen, und die Welt veränderte sich auf Weisen, die ich mir nie hätte vorstellen können. Kriege wurden geführt, Reiche fielen, und neue Generationen traten an ihre Stelle. Doch trotz des Chaos und der Umwälzungen blieb die Erinnerung an diesen

Sommer in Salzburg in meinem Gedächtnis eingebrannt, ein Lichtblick in einer dunkler werdenden Welt.

Oft fragte ich mich, was aus Conrad geworden war, ob er den Frieden und das Glück gefunden hatte, das er so sehr verdiente. Ich stellte mir vor, wie er von seiner Familie umgeben war, sein Lachen über die Berge hallte, ein Zeugnis für die Widerstandsfähigkeit des menschlichen Geistes.

Und so, während sich die Jahre in Jahrzehnte verwandelten, schrieb ich weiter, ließ mich von den Erinnerungen an diesen verzauberten Sommer inspirieren. Meine Romane entführten die Leser in ferne Länder und vergangene Zeiten, aber im Kern waren sie immer eine Hommage an die Schönheit und Komplexität der menschlichen Erfahrung.

Was Conrad betrifft, so lebte sein Vermächtnis in den Seiten meiner Bücher weiter, eine Erinnerung an die Kraft der Freundschaft, der Liebe und der unzerbrechlichen Bande, die uns alle verbinden. Und obwohl ich ihn nie wieder sah, wusste ich, dass irgendwo, im Herzen Österreichs, sein Geist weiterlebte, ein Zeugnis für die beständigen Echoes des Abendrots.

The Echoes of Dusk

In the heart of Austria, where the mountains cast long shadows over pristine lakes and timeless villages, there was a certain elegance to the air, an old-world charm that spoke to the soul. It was in this setting, nestled in the opulent city of Salzburg, that I first encountered the enigmatic Conrad von Eulenburg. His name floated through the cobblestone streets like a whisper, a tantalizing hint of old aristocracy wrapped in layers of mystery.

Salzburg in the summer of 1927 was a jewel of Europe, a place where the remnants of the Habsburg Empire still lingered in the form of grandiose architecture and a refined social scene. The city's baroque buildings stood as silent witnesses to the passage of time, their facades reflecting the golden hues of the setting sun. The air was filled with the sounds of classical music, as if Mozart himself were conducting from beyond the grave.

It was at a lavish garden party thrown by the Schiller family, prominent patrons of the arts, that I first saw him. The garden was a symphony of colors, with meticulously tended flowers and marble statues standing guard over the festivities. As the evening light softened, casting a gentle glow over the scene, I found myself drawn to a solitary figure standing by the edge of the reflecting pool.

Conrad von Eulenburg was a striking man, tall and impeccably dressed in a charcoal suit that seemed anachronistic yet timeless. His dark hair was neatly slicked back, and his eyes, a piercing shade of blue, seemed to hold the secrets of centuries. He stood apart from the crowd, his demeanor aloof yet magnetic, as if he were a character plucked from the pages of history and brought to life in this enchanted setting.

I was introduced to him by our hostess, Frau Schiller, a matronly woman with a penchant for matchmaking. "Conrad, this is Mr. Harper," she said with a smile. "He's an American writer, visiting us for the summer."

"Ah, an artist," Conrad remarked, his voice smooth and cultured. "What brings you to our little corner of the world, Mr. Harper?"

"I'm drawn to the beauty and history of Salzburg," I replied, feeling oddly self-conscious under his scrutinizing gaze. "It's a place that seems to exist outside of time."

"Indeed," he said, his lips curling into a faint smile. "Salzburg has a way of capturing the imagination."

As the evening wore on, I found myself increasingly intrigued by Conrad. He was a man of few words, yet each sentence he uttered seemed to carry a weight of significance. There was an air of melancholy about him, a sense of having seen too much of the world and found it wanting.

We met several more times over the course of the summer, often in the same garden or at other social gatherings. Each encounter deepened the enigma surrounding him. He spoke little of his past, but there were rumors—whispers of a great family fortune lost in the turmoil of the Great War, of a love affair that ended in tragedy. Yet, despite the air of sadness that clung to him, there was also a spark of defiance, as if he refused to be wholly defeated by the vicissitudes of life.

One evening, as the twilight painted the sky in shades of purple and gold, Conrad invited me to his home. It was a grand old mansion on the outskirts of Salzburg, a relic of the Austro-Hungarian Empire. The walls were adorned with portraits of his ancestors, stern-looking men and women who seemed to watch over us with a mix of pride and disapproval.

We sat in his study, a room lined with books and artifacts from around the world. A fire crackled in the hearth, casting flickering shadows on the walls. Conrad poured us each a glass of aged cognac, and we settled into deep leather armchairs.

"Tell me, Mr. Harper," he began, "what do you seek in your writing?"

I considered the question carefully. "I suppose I seek to understand the human condition," I replied. "To capture the fleeting moments of beauty and sorrow that make up our lives."

Conrad nodded, his expression thoughtful. "And do you find that understanding brings you peace?"

"No," I admitted. "If anything, it makes me more aware of how elusive true understanding is."

He smiled faintly, as if my answer had confirmed something he already knew. "We are all seekers, in our own way," he said. "Chasing after shadows, trying to grasp the intangible."

There was a long silence, filled only by the crackling of the fire. Finally, Conrad spoke again, his voice softer, more introspective. "There was a time when I thought I had found my place in the world," he said. "But life has a way of unraveling our certainties."

He told me then, in halting, fragmented sentences, about the great love of his life, a woman named Isabella. She was the daughter of a Viennese banker, a woman of rare beauty and grace. They had been engaged, their future seemingly assured, until the war tore them apart. Isabella had died in a bombing raid, a senseless act of violence that shattered Conrad's world.

"I've never been the same since," he confessed, his voice barely above a whisper. "It's as if a part of me died with her."

The room seemed to grow colder, the shadows deeper. I wanted to offer some words of comfort, but I knew that nothing I could say would ease his pain. Instead, we sat in silence, two lost souls finding a moment of communion in the quiet of the night.

As the weeks passed, I became a regular visitor to Conrad's home. We spent long hours discussing literature, philosophy, and the nature of existence. There was a certain solace in our conversations, a sense that, despite our different backgrounds and experiences, we were kindred spirits.

Yet, beneath the surface, there was always an undercurrent of sadness, a sense that Conrad was haunted by his past. I often wondered if he would ever find a way to move beyond his grief, to reclaim some measure of happiness.

One evening, as autumn began to tint the leaves with shades of red and gold, Conrad made a surprising suggestion. "Let's take a trip," he said. "I want to show you something."

We set out early the next morning, driving through the rolling hills and picturesque villages of the Austrian countryside. The landscape was a tapestry of colors, the air crisp and invigorating. Conrad seemed lighter, more animated than I had ever seen him, as if the journey were a means of escape from his ghosts.

Our destination was a small, secluded lake nestled in the mountains. It was a place of breathtaking beauty, the water a clear, emerald green, surrounded by towering pines and jagged peaks. Conrad led me to a spot on the shore, where a small wooden boat was moored.

"We used to come here, Isabella and I," he said, his voice tinged with nostalgia. "It was our secret place, away from the world."

We spent the day exploring the lake, rowing across its serene waters and hiking through the surrounding woods. Conrad seemed to come alive in this setting, his laughter echoing through the trees. It was as if, for a brief moment, he had found a way to reclaim the joy that had been stolen from him.

As the sun began to set, casting a warm glow over the landscape, we sat on a rocky outcrop, gazing out at the water. Conrad turned to me, his expression earnest. "Thank you, Mr. Harper," he said. "For your friendship, and for reminding me that there is still beauty in the world."

His words moved me deeply, and I felt a renewed sense of purpose. I realized then that my time in Salzburg, and my friendship with Conrad, had given me a new perspective on life and art. It had shown me that, even in the face of loss and sorrow, there is always a glimmer of hope, a chance for redemption.

Our trip to the lake marked a turning point in our friendship. Conrad seemed more at peace, more willing to engage with the world around him. We continued to spend time together, sharing our thoughts and dreams, and I watched as he slowly began to heal.

The summer came to an end, and with it, my time in Salzburg. As I prepared to return to America, I felt a pang of sadness at the thought of leaving Conrad and the beautiful world we had shared. On my last evening in the city, we sat in his study, a bottle of wine between us.

"I'll miss you, my friend," Conrad said, his voice tinged with emotion. "You've been a source of great comfort to me."

"And you to me," I replied. "I'll never forget our time together."

We parted with a promise to stay in touch, and I boarded the train with a heavy heart. As the landscape of Austria faded into the distance, I reflected on the profound impact Conrad had had on my life. He had shown me the depths of human resilience, the power of memory and love, and the enduring beauty of the world.

Years later, I received a letter from Conrad. He had married a local woman, and they had a child on the way. His words were filled with hope and gratitude, and I felt a surge of joy at the thought of his newfound happiness. It was a testament to the indomitable spirit of the human heart, a reminder that, even in the darkest of times, there is always a possibility for renewal.

"The Echoes of Dusk" became the title of my next novel, inspired by my experiences in Salzburg and my friendship with Conrad. It was a story of love and loss, of finding light in the shadows, and of the enduring power of the human spirit. As I wrote, I felt Conrad's presence guiding me through the pages, his wisdom and resilience infusing every word.

The novel was met with critical acclaim, hailed as a poignant exploration of the human condition. Yet, for me, its greatest reward was knowing that it had touched the lives of those who read it, just as Conrad had touched mine.

Years passed, and the world changed in ways I could never have imagined. Wars were fought, empires fell, and new generations rose to take their place. But amidst the chaos and upheaval, the memory of that summer in Salzburg remained etched in my mind, a beacon of light in a world grown dark.

I often wondered what became of Conrad, if he had found the peace and happiness he so richly deserved. I imagined him surrounded by his family, his laughter ringing out across the mountains, a testament to the resilience of the human spirit.

And so, as the years turned into decades, I continued to write, drawing inspiration from the memories of that enchanted summer. My novels transported readers to distant lands and bygone eras, but at their core, they were always a tribute to the beauty and complexity of the human experience.

As for Conrad, his legacy lived on in the pages of my books, a reminder of the power of friendship, love, and the unbreakable bonds that connect us all. And though I never saw him again, I knew that somewhere, in the heart of Austria, his spirit lived on, a testament to the enduring echoes of dusk.

Flüstern des Alpenwinds

Im friedlichen Tal von Hallstatt, Österreich, trug der Alpenwind das Flüstern uralter Geheimnisse und zeitloser Liebe. Eingebettet zwischen hoch aufragenden Bergen und dem kristallklaren Hallstätter See, strahlte dieses Dorf eine magische Anziehungskraft aus, die die Zeit zu verlangsamen schien und Besucher in ihren ruhigen Bann zog. Hier, zwischen den pastellfarbenen Häusern und den Kopfsteinpflasterstraßen, fand Anneliese Fischer nach einem Leben voller rastloser Wanderungen Trost.

Anneliese, eine fünfundvierzigjährige Frau mit einem Herzen so wild wie die Landschaften, die sie liebte, kam an einem kühlen Herbstmorgen in Hallstatt an. Ihr kastanienbraunes Haar, durchzogen von silbernen Strähnen, flatterte im Wind, als sie vom Boot auf den Holzsteg trat. Sie war Schriftstellerin, eine Weberin von Geschichten, die das Wesen des menschlichen Geistes einfingen, und sie war nach Hallstatt gekommen, um Inspiration für ihren nächsten Roman zu suchen.

Ihre ersten Tage im Dorf verbrachte sie damit, dessen Winkel und Ecken zu erkunden. Die gotische Hallstätter Lutherische Kirche, hoch auf einem Hügel gelegen, bot einen atemberaubenden Blick auf den See darunter. Das Beinhaus, mit seiner makaberen, aber faszinierenden Sammlung bemalter Schädel, sprach von der einzigartigen Mischung aus Schönheit und Sterblichkeit des Dorfes. Anneliese schlenderte über den Marktplatz, wo die Stände mit lokalen Handarbeiten und aromatischen Gebäckstücken überquollen, und sie fühlte eine tiefe Verbindung zu diesem Ort, der anscheinend mit ihrer Seele resonierte.

Es war im örtlichen Café, dem Wirtshaus, dass Anneliese Otto Huber traf. Er war ein Mann von stiller Stärke, mit markanten Zügen, die durch freundliche, haselnussbraune Augen gemildert wurden. Otto war der Besitzer des Cafés, ein Ort, der seit Generationen in seiner Familie war. Er servierte ihr eine dampfende Tasse Wiener Kaffee und ein Stück Sachertorte, und ihr Gespräch floss so natürlich wie die Alpenbäche.

Otto war ein Mann weniger Worte, aber seine Präsenz war beruhigend. Er erzählte von seinen Vorfahren, die in Hallstatt gelebt und gestorben waren, von den Mythen und Legenden, die das Dorf in Geheimnisse hüllten. Anneliese fühlte sich zu seinen Geschichten hingezogen, und sie kehrte Tag für Tag ins Wirtshaus zurück, um mehr zu hören.

Eines Abends, als die Sonne hinter den Bergen unterging und ein goldenes Leuchten über den See warf, erzählte Otto Anneliese eine Geschichte, die in seiner Familie seit Generationen weitergegeben wurde. Es war die Geschichte von Isabella und Lukas, zwei Liebenden aus vergangenen Jahrhunderten, deren tragisches Schicksal in das Gewebe Hallstatts eingewoben war.

Isabella war die Tochter eines wohlhabenden Salzhandelsmannes, während Lukas ein bescheidener Fischer war. Trotz ihrer unterschiedlichen gesellschaftlichen Stellungen verliebten sie sich tief ineinander und trafen sich heimlich an den Ufern des Sees. Ihre Liebe war jedoch von Isabellas Vater verboten, der für sie eine Ehe mit einem angesehenen Adligen arrangiert hatte.

Am Vorabend ihrer Hochzeit floh Isabella zum See, in der Hoffnung, mit Lukas zu entkommen. Sie planten, in der Dunkelheit über den See zu rudern und ein neues Leben zusammen zu beginnen. Doch als sie die Mitte des Sees erreichten, brach ein heftiger Sturm los und kenterte ihr Boot. Isabellas Vater, der ihr Fehlen entdeckt hatte, schickte seine Männer, um den See abzusuchen. Sie fanden Lukas, der sich an ein Stück des Wracks klammerte, aber Isabella wurde nie wieder gesehen. Einige sagen, ihr Geist wandere noch immer an den Ufern umher, auf der Suche nach ihrer verlorenen Liebe.

Anneliese war von der Geschichte fasziniert, und sie fühlte eine tiefe Verbindung zu Isabellas Geist. Sie beschloss, dass ihr nächster Roman eine Nacherzählung dieser tragischen Romanze sein würde, eingebettet in die atemberaubende Kulisse von Hallstatt. Mit Ottos Hilfe vertiefte sie sich in die Geschichte des Dorfes, entdeckte Details und Anekdoten, die Isabella und Lukas auf den Seiten ihres Manuskripts zum Leben erweckten.

Als die Wochen zu Monaten wurden, kamen sich Anneliese und Otto näher. Ihre Bindung vertiefte sich mit jeder geteilten Geschichte und jedem stillen Moment. Otto wurde zu ihrem Anker, der ihren rastlosen Geist mit seiner ruhigen Präsenz erdete. Anneliese brachte wiederum einen Funken Kreativität und Abenteuer in Ottos Leben, erinnerte ihn an die Schönheit und Magie, die sie umgab.

Eines Winterabends, als Schneeflocken im Schein der Straßenlaternen tanzten, lud Otto Anneliese zu einem besonderen Ort ein—eine versteckte Höhle hoch in den Bergen, wo eine natürliche heiße Quelle aus der Erde sprudelte. Sie wanderten durch den schneebedeckten Wald, ihr Atem sichtbar in der kühlen Luft, bis sie den Eingang der Höhle erreichten. Drinnen umhüllte sie der warme Dampf, und sie legten ihre Mäntel ab, um in das beruhigende Wasser zu gleiten.

Im intimen Schein der Höhle erzählte Otto Anneliese die Geschichte seiner eigenen verlorenen Liebe. Vor Jahren war er mit einer Frau namens Eliza verlobt gewesen, deren Lachen so leicht war wie der Alpenwind. Sie hatten von einem gemeinsamen Leben geträumt, aber das Schicksal hatte andere Pläne. Eliza erkrankte an einer seltenen Krankheit, und trotz Ottos Bemühungen, sie zu retten, starb sie in seinen Armen. Ihr Tod hinterließ eine Leere in seinem Herzen, die er fürchtete, niemals füllen zu können.

Anneliese hörte mit Empathie zu, ihr eigenes Herz schmerzte für den Schmerz, den Otto erlitten hatte. Sie streckte die Hand aus und nahm seine, ihre Finger verflochten sich unter dem Wasser. In diesem Moment fanden sie Trost in der Gegenwart des anderen, ihre geteilten Sorgen schufen eine tiefere Verbindung zwischen ihnen.

Der Frühling kam nach Hallstatt und brachte eine Explosion neuen Lebens mit sich. Das Dorf, nun geschmückt mit blühenden Blumen und lebendigem Grün, schien die aufblühende Beziehung zwischen Anneliese und Otto zu spiegeln. Sie verbrachten ihre Tage damit, die Landschaft zu erkunden, ihre Nächte in Gesprächen und zärtlichen Umarmungen. Annelieses Roman, "Flüstern des Alpenwinds", näherte sich der Fertigstellung, jedes Kapitel durchdrungen von der Liebe und dem Verlust, die ihre Zeit in Hallstatt geprägt hatten.

Eines Abends, als sie am Ufer des Sees standen, wandte sich Otto mit entschlossener Miene an Anneliese. "Anneliese," sagte er, seine Stimme fest, "ich habe einen Weg gefunden, Isabella und Lukas' Liebe zu ehren und ihren ruhelosen Geistern Frieden zu bringen."

Er erklärte seinen Plan, ein kleines Heiligtum am Seeufer zu errichten, einen Ort, an dem Dorfbewohner und Besucher gleichermaßen kommen könnten, um die Erinnerung an die verlorenen Liebenden zu ehren. Anneliese war von Ottos Geste berührt, und gemeinsam machten sie sich an die Arbeit. Sie sammelten Steine aus den Bergen, fertigten zarte Holzschnitzereien an und pflanzten Wildblumen, die Jahr für Jahr blühen würden.

Das Heiligtum wurde zu einem Mittelpunkt im Dorf, einem Ort der Reflexion und des Gedenkens. Menschen kamen von nah und fern, um ihren Respekt zu zollen, Opfergaben und Gebete für ihre eigenen verlorenen Lieben zu hinterlassen. Anneliese und Otto besuchten das Heiligtum oft und fanden Trost in dem Vermächtnis, das sie gemeinsam geschaffen hatten.

Als der Sommer näher rückte, bereitete sich Anneliese darauf vor, Hallstatt zu verlassen und zu ihrem Leben als Schriftstellerin in Wien zurückzukehren. Der Gedanke, Otto und das Dorf, das zu ihrem Zufluchtsort geworden war, zu verlassen, erfüllte sie mit tiefer Traurigkeit. An ihrem letzten Abend in Hallstatt nahm Otto sie noch einmal zu den Ufern des Sees. Das Wasser schimmerte im Mondlicht und warf ein ätherisches Leuchten über ihre Gesichter.

"Anneliese," sagte Otto leise, "du hast so viel Licht in mein Leben gebracht. Ich kann den Gedanken nicht ertragen, dich zu verlieren."

Tränen traten in Annelieses Augen, als sie die Tiefe ihrer eigenen Gefühle erkannte. "Ich will nicht gehen," flüsterte sie, ihre Stimme brach. "Aber ich habe meine Verpflichtungen in Wien und mein Schreiben..."

Otto nahm ihre Hände in seine, sein Blick fest. "Bleib bei mir," bat er. "Wir können hier zusammen ein Leben aufbauen, an diesem Ort, der uns so viel gegeben hat. Dein Schreiben kann weitergehen, und wir werden neue Geschichten erschaffen, zusammen."

Annelieses Herz schwoll vor Emotionen, als sie seine Worte bedachte. Sie dachte an Isabella und Lukas, an das Heiligtum, das sie gebaut hatten, und an die Liebe, die sie in

Otto's Armen gefunden hatte. Mit einem Gefühl von Klarheit traf sie ihre Entscheidung.

"Ich werde bleiben", sagte sie, ihre Stimme voller Entschlossenheit. "Ich werde bleiben und unsere Geschichte schreiben, und die Geschichten dieses Dorfes, solange wir einander haben."

Ein strahlendes Lächeln erschien auf Ottos Gesicht, und er zog sie in eine zärtliche Umarmung. Der Alpenwind flüsterte um sie herum und trug die Echos ihrer Liebe über das Wasser. Anneliese wusste, dass sie ihr wahres Zuhause gefunden hatte, nicht nur in Hallstatt, sondern in Ottos Herz.

Jahre vergingen, und Anneliese und Ottos Liebe wurde mit jeder Jahreszeit stärker. Ihr Leben war erfüllt von Freude und Trauer, von Momenten des Glücks und des Kummers. Anneliese schrieb weiter, ihre Romane inspiriert von den Menschen und Geschichten Hallstatts. Otto erweiterte das Wirtshaus, verwandelte es in einen Treffpunkt für Einheimische und Besucher, wo Gelächter und Musik die Luft erfüllten.

Gemeinsam schufen sie ein Vermächtnis der Liebe und Widerstandsfähigkeit, das für Generationen in Erinnerung bleiben würde. Das Heiligtum am Seeufer wurde zu einem Symbol der Hoffnung und des Gedenkens, einem Ort, an dem Vergangenheit und Gegenwart ineinander übergingen und wo die Geister von Isabella und Lukas ewigen Frieden fanden.

Die Geschichte von Anneliese und Otto, wie das Flüstern des Alpenwinds, hallte durch das Dorf, ein Zeugnis für die anhaltende Kraft der Liebe und die Schönheit, sein wahres Zuhause zu finden. Und als sie Hand in Hand am Ufer des Hallstätter Sees entlang spazierten, wussten sie, dass ihre Liebe auch diejenigen inspirieren würde, die nach ihnen kamen, und neue Geschichten von Liebe und Verlust im zeitlosen Dorf Hallstatt weben würde.

Whispers of the Alpine Wind

In the serene valley of Hallstatt, Austria, the alpine wind carried whispers of ancient secrets and timeless love. Nestled between towering mountains and the pristine Hallstätter See, this village held a magical allure that seemed to slow time and envelop visitors in its tranquil embrace. It was here, amidst the pastel-hued houses and cobblestone streets, that Anneliese Fischer found solace after a lifetime of restless wandering.

Anneliese, a woman of forty-five with a heart as wild as the landscapes she adored, arrived in Hallstatt one crisp autumn morning. Her auburn hair, streaked with silver, fluttered in the breeze as she stepped off the boat and onto the wooden dock. She was a writer, a weaver of tales that captured the essence of the human spirit, and she had come to Hallstatt in search of inspiration for her next novel.

Her first days in the village were spent exploring its nooks and crannies. The Gothic Hallstatt Lutheran Church, perched on a hill, offered a breathtaking view of the lake below. The Bone House, with its macabre yet fascinating collection of painted skulls, spoke of the village's unique blend of beauty and mortality. Anneliese wandered the market square, where stalls overflowed with local crafts and aromatic pastries, and she felt a deep connection to this place that seemed to resonate with her soul.

It was in the local café, Der Wirtshaus, that Anneliese met Otto Huber. He was a man of quiet strength, with rugged features softened by kind, hazel eyes. Otto was the owner of the café, a place that had been in his family for generations. He served her a steaming cup of Viennese coffee and a slice of Sachertorte, and their conversation flowed as naturally as the alpine streams.

Otto was a man of few words, but his presence was calming. He spoke of his ancestors who had lived and died in Hallstatt, of the myths and legends that shrouded the village in mystery. Anneliese found herself drawn to his stories, and she returned to Der Wirtshaus day after day, eager to hear more.

One evening, as the sun dipped below the mountains, casting a golden glow over the lake, Otto shared with Anneliese a tale that had been passed down through his family for generations. It was the story of Isabella and Lukas, two lovers from centuries past whose tragic fate was woven into the very fabric of Hallstatt.

Isabella was the daughter of a wealthy salt merchant, while Lukas was a humble fisherman. Despite their different social standings, they fell deeply in love, meeting secretly by the shores of the lake. Their love, however, was forbidden by Isabella's father, who had arranged for her to marry a prominent nobleman.

On the eve of her wedding, Isabella fled to the lake, hoping to escape with Lukas. They planned to row across the lake under the cover of darkness and start a new life together. But as they reached the center of the lake, a violent storm erupted, capsizing their boat. Isabella's father, upon discovering her absence, sent his men to search the lake. They found Lukas clinging to a piece of the wreckage, but Isabella was never seen again. Some say her spirit still roams the shores, searching for her lost love.

Anneliese was captivated by the story, and she felt a deep connection to Isabella's spirit. She decided that her next novel would be a retelling of this tragic romance, set against the breathtaking backdrop of Hallstatt. With Otto's help, she delved into the village's history, uncovering details and anecdotes that brought Isabella and Lukas to life on the pages of her manuscript.

As the weeks turned into months, Anneliese and Otto grew closer. Their bond deepened with each shared story and quiet moment. Otto became her anchor, grounding her restless spirit with his steady presence. Anneliese, in turn, brought a spark of creativity and adventure into Otto's life, reminding him of the beauty and magic that surrounded them.

One winter's night, as snowflakes danced in the glow of streetlamps, Otto invited Anneliese to a special place—a hidden cave nestled high in the mountains, where a natural hot spring bubbled up from the earth. They hiked through the snow-covered forest, their breath visible in the crisp air, until they reached the cave's entrance. Inside, the warm steam enveloped them, and they shed their coats, slipping into the soothing waters.

In the intimate glow of the cave, Otto shared with Anneliese the story of his own lost love. Years ago, he had been engaged to a woman named Eliza, whose laughter was as light as the alpine breeze. They had dreamed of a life together, but fate had other plans. Eliza fell ill with a rare disease, and despite Otto's efforts to save her, she passed away in his arms. Her death left a void in his heart, one that he feared would never be filled.

Anneliese listened with empathy, her own heart aching for the pain Otto had endured. She reached out and took his hand, their fingers intertwining beneath the water. In that moment, they found solace in each other's presence, their shared sorrows forging a deeper connection between them.

Spring arrived in Hallstatt, bringing with it a burst of new life. The village, now adorned with blooming flowers and vibrant greenery, seemed to mirror the blossoming relationship between Anneliese and Otto. They spent their days exploring the countryside, their nights lost in conversation and tender embraces. Anneliese's novel, "Whispers of the Alpine Wind," neared completion, each chapter infused with the love and loss that had come to define her time in Hallstatt.

One evening, as they stood on the shores of the lake, Otto turned to Anneliese with a look of determination in his eyes. "Anneliese," he said, his voice steady, "I have found a way to honor Isabella and Lukas's love, and to bring peace to their restless spirits."

He explained his plan to build a small shrine at the lake's edge, a place where villagers and visitors alike could come to honor the memory of the lost lovers. Anneliese was moved by Otto's gesture, and together, they set to work. They gathered stones from the mountains, crafted delicate wooden carvings, and planted wildflowers that would bloom year after year.

The shrine became a focal point in the village, a place of reflection and remembrance. People came from far and wide to pay their respects, leaving offerings and prayers for their own lost loves. Anneliese and Otto often visited the shrine, finding comfort in the legacy they had created together.

As summer approached, Anneliese prepared to leave Hallstatt and return to her life as a writer in Vienna. The thought of leaving Otto and the village that had become her sanctuary filled her with a profound sadness. On her last night in Hallstatt, Otto took her to the shores of the lake once more. The water shimmered under the moonlight, casting an ethereal glow over their faces.

"Anneliese," Otto said softly, "you have brought so much light into my life. I cannot bear the thought of losing you."

Tears welled in Anneliese's eyes as she realized the depth of her own feelings. "I don't want to leave," she whispered, her voice breaking. "But I have my commitments in Vienna, and my writing..."

Otto took her hands in his, his gaze unwavering. "Stay with me," he pleaded. "We can build a life together here, in this place that has given us so much. Your writing can continue, and we will create new stories, together."

Anneliese's heart swelled with emotion as she considered his words. She thought of Isabella and Lukas, of the shrine they had built, and of the love she had found in Otto's arms. With a sense of clarity, she made her decision.

"I will stay," she said, her voice filled with resolve. "I will stay and write our story, and the stories of this village, for as long as we have each other."

Otto's face broke into a radiant smile, and he pulled her into a tender embrace. The alpine wind whispered around them, carrying the echoes of their love across the water. Anneliese knew that she had found her true home, not just in Hallstatt, but in Otto's heart.

Years passed, and Anneliese and Otto's love grew stronger with each passing season. Their lives were filled with joy and sorrow, with moments of bliss and heartache. Anneliese continued to write, her novels inspired by the people and stories of Hallstatt. Otto expanded Der Wirtshaus, transforming it into a gathering place for locals and visitors alike, where laughter and music filled the air.

Together, they created a legacy of love and resilience, one that would be remembered for generations. The shrine by the lake became a symbol of hope and remembrance, a place where the past and present intertwined, and where the spirits of Isabella and Lukas found eternal peace.

Anneliese and Otto's story, much like the whispers of the alpine wind, echoed through the village, a testament to the enduring power of love and the beauty of finding one's true home. And as they walked hand in hand along the shores of the Hallstätter See, they knew that their love would continue to inspire those who came after them, weaving new tales of love and loss in the timeless village of Hallstatt.

Fußspuren auf dem österreichischen Asphalt

Die ersten Sonnenstrahlen des Morgens drangen durch das Zugfenster, als es nach Wien einfuhr, eine Stadt, von der ich nur geträumt hatte, während ich dicke, muffige Bücher über die Café-Kultur und revolutionäre Kunst verschlang. Frisch von einem Zug aus Prag, hing mein Rucksack wie die zerrissenen Überreste meines alten Lebens über meiner Schulter. Wien versprach etwas Neues – ein Ziel, das von der Romantik der Vergangenheit und der Lebendigkeit der Gegenwart triefte. Ich suchte hier nach etwas, etwas jenseits der von Touristen beladenen Boulevards und den postkartenperfekten Plätzen. Mein Name war Jack, und ich jagte dem Abenteuergeist hinterher.

Ich wanderte ziellos durch die labyrinthartigen Straßen, meine Sinne überwältigt vom Duft frisch gebackener Strudel, der aus den Ecken der Bäckereien wehte, und dem entfernten Echo eines Straßenmusikers. Die Stadt war eine Symphonie, jede Ecke eine andere Bewegung. Ich war sowohl Zuschauer als auch Teilnehmer dieser großartigen Komposition. Ich stolperte über ein kleines Café, Der Kaffeestube, versteckt in einer schmalen Gasse. Es war das Art von Ort, den Hemingway vielleicht frequentiert hätte, dessen Wände mit Fotos von Dichtern und Rebellen geschmückt waren.

Drinnen lag der Duft von Kaffee und Konversation in der Luft. Ich fand einen Platz am Fenster, den perfekten Aussichtspunkt, um die Welt vorbeiziehen zu sehen. Die Kellnerin, eine junge Frau mit einem schüchternen Lächeln und wissenden Augen, brachte mir eine dampfende Tasse Melange. "Genießen Sie Ihren Aufenthalt in Wien", sagte sie, ihr Englisch mit einem bezaubernden österreichischen Akzent versehen.

Ich nickte, lächelte zurück. "Danke. Das ist mein erster Besuch hier. Irgendwelche Empfehlungen?"

Sie hielt inne und überlegte. "Sie sollten den Naschmarkt besuchen. Er ist nicht weit von hier. Und wenn Sie nach Musik suchen, versuchen Sie es mit dem Jazzland. Es ist ein Kellerklub in der Nähe des Schwedenplatzes. Sie werden es lieben."

Ihre Worte fühlten sich wie geheime Schlüssel zur Stadt an. Ich schrieb sie in mein Notizbuch, jeder eine Entdeckungsreise versprechend. Nachdem ich meinen Kaffee ausgetrunken hatte, bezahlte ich und machte mich auf den Weg zum Naschmarkt. Der Markt war eine sensorische Überlastung, ein Riot aus Farben und Geräuschen. Stände quollen über von frischem Obst, exotischen Gewürzen und lokalen Delikatessen. Verkäufer riefen ihre Waren aus, ihre Stimmen vermischten sich zu einer Kakophonie aus Verkaufsargumenten und freundlichem Geplauder. Ich schlenderte von Stand zu Stand, probierte Käse und Oliven, während meine Geschmacksknospen mit jedem neuen Geschmack tanzten.

An einem kleinen Stand, der von einem älteren Ehepaar betrieben wurde, kaufte ich ein Stück Sachertorte. Die

Schokolade schmolz auf meiner Zunge, eine süße Symphonie, die wie eine Hommage an die kulinarische Geschichte der Stadt wirkte. Ich bedankte mich mit einem Nicken und ging weiter, wobei mein Blick auf einen alten Plattenladen am Rand des Marktes fiel.

Neugier zog mich hinein. Der Laden war ein Schatz trove von Vinyl, jede Platte eine potenzielle Entdeckung. Ich blätterte durch die Stapel, meine Finger berührten die abgenutzten Cover von Jazz-Alben und klassischen Symphonien. Der Besitzer, ein grauhaariger Mann mit einer Brille auf der Nasenspitze, beobachtete mich mit einem amüsierten Ausdruck.

"Suchen Sie etwas Bestimmtes?" fragte er, seine Stimme rau, aber freundlich.

"Nur am stöbern", antwortete ich. "Haben Sie Empfehlungen?"

Er überlegte einen Moment, bevor er eine Platte aus einem versteckten Regal zog. "Versuchen Sie das mal. Es ist eine Live-Aufnahme aus dem Jazzland, 1965. Seltenes Fundstück."

Ich nahm die Platte, fühlte ihr Gewicht in meinen Händen. Das Cover war abgenutzt, die Ränder ausgefranst, aber es versprach etwas Zeitloses. Ich kaufte es ohne zu zögern und steckte es sicher in meinen Rucksack.

Als die Sonne unter den Horizont sank, machte ich mich auf den Weg zum Jazzland, den Anweisungen der Kellnerin folgend. Der Club war in einem Keller versteckt, sein Eingang nur durch ein kleines Schild und das entfernte Summen eines Saxophons gekennzeichnet. Ich stieg die schmalen Treppen hinab, jeder Schritt hallte von Vorfreude wider.

Drinnen war die Luft dick vom Rauch und dem Murmeln der Stimmen. Die Band wärmte sich auf einer kleinen Bühne auf, ihre Instrumente glänzten im gedämpften Licht. Ich fand einen Platz an der Bar, bestellte ein Bier und ließ mich für die Nacht nieder. Die Musik begann, eine gefühlvolle Mischung aus Saxophon und Klavier, die über das Publikum wie eine warme Umarmung fegte.

Ich verlor mich im Rhythmus, mein Fuß im Takt klopfend. Der Barkeeper, ein mittelalter Mann mit einem wissenden Lächeln, lehnte sich vor und stellte sich als Franz vor. "Genießen Sie die Musik?" fragte er, seine Stimme kaum über den Jazz hörbar.

"Es ist fantastisch", antwortete ich. "Ich habe heute eine Platte von diesem Ort gekauft, aufgenommen im Jahr 1965. Kennen Sie etwas darüber?"

Franz' Augen leuchteten vor Wiedererkennung. "Ah, das war eine legendäre Nacht. Die Band war in Hochform, und das Publikum... sie waren Teil der Musik. Sie haben sich ein Stück Geschichte gesichert."

Ich lächelte, fühlte eine tiefere Verbindung zu der Stadt. Im Laufe der Nacht kam ich ins Gespräch mit den Einheimischen, ihre Geschichten webten eine reiche Geschichte von Wiens Vergangenheit und Gegenwart. Jede Person, die ich traf, fügte eine neue Note zur Symphonie meiner Reise hinzu.

Am nächsten Morgen wachte ich früh auf und beschloss, einen Tagesausflug aufs Land zu machen. Ich stieg in einen Zug nach Hallstatt, einem Dorf, das zwischen imposanten Bergen und einem makellosen See eingebettet war. Die Reise war eine Meditation, das rhythmische Klappern der Zugräder versetzte mich in einen nachdenklichen Zustand.

Hallstatt war eine lebendige Postkarte. Die pastellfarbenen Häuser klebten am Berghang, ihre Spiegelbilder schimmerten auf der Oberfläche des Sees. Ich wanderte durch das Dorf, jeder Schritt eine neue Entdeckung. Die gotische Hallstatt-Lutherische Kirche, hoch oben auf einem Hügel, bot einen atemberaubenden Blick auf den See unten. Das Knochenhaus, mit seiner makabren, aber faszinierenden Sammlung von bemalten Schädeln, sprach von der einzigartigen Mischung aus Schönheit und Sterblichkeit des Dorfes.

Ich verbrachte den Tag damit, das Dorf zu erkunden, mein Notizbuch füllte sich mit Skizzen und Beobachtungen. Als die Sonne begann, sich zu setzen und eine goldene Glut über die Landschaft zu werfen, fand ich einen ruhigen Platz am See, um mich hinzusetzen und nachzudenken. Das Wasser lappte sanft ans Ufer, ein beruhigender Rhythmus, der meinem Herzschlag ähnelte.

In diesem Moment fühlte ich eine tiefe Frieden. Die Rastlosigkeit, die mich zum Reisen angetrieben hatte, um neue Erfahrungen und Geschichten zu suchen, schien zu verblassen. Wien, mit seiner lebendigen Kultur und seiner reichen Geschichte, hatte mir mehr gegeben, als ich je hätte träumen können. Und Hallstatt, mit seiner ruhigen Schönheit, hatte den perfekten Gegenpol geboten, eine Erinnerung an die einfachen Freuden des Lebens.

Als ich mich auf den Rückweg nach Wien machte, wusste ich, dass meine Reise noch lange nicht vorbei war. Es gab noch unzählige Geschichten zu entdecken, versteckt in den Ecken dieser Stadt und darüber hinaus. Aber vorerst war ich bereit, mich vom Rhythmus Wiens leiten zu lassen, jeder Schritt ein Tanz zur zeitlosen Melodie der Stadt.

Zurück in Wien setzte ich meine Erkundung mit neuer Kraft fort. Ich besuchte das Belvedere Palace, dessen große Säle von den Fußstapfen der Geschichte widerhallten. Die Kunst, die Architektur, die Luft schienen vor Geschichten nur so zu pulsieren. Ich saß in den Schlossgärten, umgeben vom Duft blühender Blumen, und ließ meinen Gedanken freien Lauf, die Vergangenheit und Gegenwart verschmolzen in einem Tanz der Inspiration.

An einem Abend, während ich durch die Straßen schlenderte, stolperte ich über einen kleinen Buchladen, dessen Fenster mit Büchern alt und neu überladen waren. Drinnen hing der Duft von altem Papier und Tinte in der Luft. Der Besitzer, ein gelehrter Mann mit sanftem Wesen, begrüßte mich herzlich. Sein Name war Herr Müller, und er hatte ein enzyklopädisches Wissen über die literarische Geschichte Wiens.

Wir kamen ins Gespräch, und ich erwähnte meine Reisen und den Roman, an dem ich arbeitete. Herr Müller hörte aufmerksam zu, seine Augen funkelten vor Interesse. "Sie müssen das Café Central besuchen", sagte er. "Es war ein Treffpunkt für

Schriftsteller und Intellektuelle, ein Ort, an dem Ideen so frei flossen wie der Kaffee."

Seinem Rat folgend, machte ich mich am nächsten Tag auf den Weg zum Café Central. Die Pracht des Ortes war atemberaubend, mit seinen hohen Decken, prächtigen Kronleuchtern und Marmorsäulen. Es war leicht vorstellbar, dass hier einst Freud, Trotsky und Kafka an diesen Tischen saßen, tief in Gedanken und Gesprächen versunken.

Ich fand einen Platz am Fenster, bestellte einen Kaffee und ließ die Atmosphäre auf mich wirken. Das Café war voller Gäste, jeder schien in seiner eigenen Welt verloren zu sein. Ich zog mein Notizbuch heraus und begann zu schreiben, die Worte flossen mühelos. Die Geschichten von Wien, die Menschen, die ich getroffen hatte, die Musik, die ich gehört hatte, all das fügte sich zu einem harmonischen Chor zusammen.

Während die Tage zu Wochen wurden, tauchte ich immer tiefer in die lebendige Kultur der Stadt ein. Ich besuchte Konzerte im Musikverein und verlor mich in den Symphonien von Mozart und Beethoven. Ich erkundete den Prater, dessen Riesenrad eine atemberaubende Aussicht auf die Stadt bot. Jede Erfahrung fügte eine neue Schicht zu meinem Verständnis von Wien hinzu, einer Stadt, die sich jeder Definition zu entziehen schien.

An einem Nachmittag, während ich durch den Bezirk Leopoldstadt schlenderte, stieß ich auf ein Straßenfest. Die Luft war erfüllt von Lachen, Musik und dem Klirren von Bierkrügen. Essensstände säumten die Straßen und boten alles von Bratwurst bis Schnitzel an. Ich gesellte mich zu den Feiernden, probierte lokale Delikatessen und sog die freudige Atmosphäre auf.

Als das Fest sich dem Ende zuneigte, fand ich mich in einem Gespräch mit einer Gruppe junger Künstler wieder. Sie waren leidenschaftlich bei ihrer Arbeit, ihre Augen leuchteten vor Träumen und Ambitionen. Wir verbrachten Stunden damit, über Kunst, Literatur und den Sinn des Lebens zu diskutieren, ihre Begeisterung war ansteckend. Sie luden mich in ihr Atelier ein, ein umgebautes Lagerhaus, das mit Leinwänden, Skulpturen und dem Duft frischer Farbe gefüllt war.

In diesem Atelier, umgeben von Kreativität und Inspiration, fühlte ich eine tiefe Zugehörigkeit. Diese Menschen waren meine Seelenverwandten, die die Welt durch eine ähnliche Linse sahen. Ich fühlte mich zu ihrer Energie hingezogen, ihre Leidenschaft entfachte ein Feuer in mir. Sie waren nicht nur Künstler, sondern auch Revolutionäre, die den Status quo herausforderten und die Grenzen des Möglichen erweiterten.

Die Tage in Wien vergingen in einem Wirbelwind aus Kreativität und Erkundung. Ich besuchte das Atelier der Künstler häufig, arbeitete an Projekten mit und tauschte Ideen aus. Mein Roman nahm Gestalt an, jede Seite war durchdrungen vom Geist der Stadt und den Menschen, die ich kennengelernt hatte.

Eines Abends luden die Künstler mich zu einer Party in ein Loft mit Blick auf die Donau ein. Der Raum war erfüllt von Lachen, Musik und einem spürbaren Sinn für Kameradschaft. Ich mischte mich unter die Dichter, Musiker und Träumer, jeder trug eine einzigartige Note zur Symphonie der Nacht bei. Wir tranken, tanzten und erzählten Geschichten, die Grenzen zwischen uns lösten sich in der Wärme des Augenblicks auf.

Als die Nacht voranschritt, fand ich mich auf dem Balkon wieder, die Stadt vor mir ausgebreitet wie ein Lichterteppich. Die Donau glitzerte im Mondlicht, ihr sanfter Strom spiegelte den Fluss meiner Gedanken wider. Ich fühlte eine tiefe Dankbarkeit für diese Stadt, für die Erfahrungen, die mich geprägt hatten, und für die Menschen, die mich in ihr Leben aufgenommen hatten.

Am nächsten Morgen wachte ich mit einem Gefühl der Bestimmung auf. Ich wusste, dass meine Zeit in Wien sich dem Ende näherte, aber ich wusste auch, dass die Stadt immer ein Teil von mir bleiben würde. Sie hatte mir Geschichten, Freundschaften und ein erneuertes Selbstbewusstsein geschenkt. Ich verbrachte meine letzten Tage damit, meine Lieblingsorte noch einmal zu besuchen und mich von den Menschen zu verabschieden, die zu meiner Familie geworden waren.

An meinem letzten Abend in Wien kehrte ich ins Jazzland zurück. Die vertrauten Klänge des Saxophons begrüßten mich, als ich die Treppe hinabstieg, die Musik hüllte mich in eine warme Umarmung. Franz, der Barkeeper, begrüßte mich mit einem wissenden Lächeln. "Zurück für eine letzte Nacht?" fragte er und schob mir ein Bier über die Theke.

Ich nickte, fühlte einen Stich der Nostalgie. "Ich fliege morgen zurück in die Staaten. Aber ich konnte nicht gehen, ohne noch eine Nacht Jazz zu erleben."

Franz nickte verständnisvoll. "Wien wird dich vermissen, Jack. Du bist ein Teil des Rhythmus dieses Ortes geworden."

Ich lächelte, ein Kloß bildete sich in meinem Hals. "Und ich werde Wien vermissen. Diese Stadt hat mir mehr gegeben, als ich je erwartet hätte."

Die Musik dieser Nacht war transzendent, jede Note ein Abschied und ein Versprechen. Ich verlor mich im Rhythmus, ließ die Musik mich davontragen. Als die Nacht zu Ende ging, fühlte ich einen tiefen Frieden. Meine Reise in Wien ging zu Ende, aber sie hatte mir die Geschichten gegeben, die ich brauchte, um weiterzumachen.

Am nächsten Morgen bestieg ich einen Zug nach Paris, die erste Etappe meiner Reise zurück in die Staaten. Als der Zug den Bahnhof verließ, sah ich Wien in der Ferne verblassen, die Silhouette der Stadt in mein Gedächtnis eingeprägt. Ich fühlte eine Mischung aus Traurigkeit und Aufregung, wusste, dass neue Abenteuer warteten, aber auch, dass ein Stück meines Herzens immer in Wien bleiben würde.

Während der Zug durch die österreichische Landschaft fuhr, zog ich mein Notizbuch heraus und begann zu schreiben. Die Worte flossen leicht, ein Zeugnis der Inspiration, die ich in Wien gefunden hatte. Ich schrieb über die Menschen, die ich getroffen hatte, die Musik, die ich gehört hatte, und die Momente der Schönheit und des Wunders, die meine Reise geprägt hatten. Jedes Wort war eine Hommage an die Stadt, die mich mit offenen Armen empfangen und für immer verändert hatte.

Als ich in Paris ankam, fühlte ich eine erneuerte Sinnhaftigkeit. Die Stadt der Lichter bot ihre eigene Magie, ihre eigenen Geschichten, die darauf warteten, entdeckt zu werden. Aber während ich durch die Straßen von Montmartre wanderte und Kaffee im Schatten des Eiffelturms trank, trug ich den Geist Wiens in mir. Die Melodien des Jazzland, die Gespräche in der Kaffeestube und die lebendige Energie des Künstlerateliers waren in das Gewebe meines Seins eingewebt.

In den Monaten, die folgten, beendete ich meinen Roman. Es war ein Liebesbrief an Wien, ein Teppich aus Geschichten und Erfahrungen, die den Geist der Stadt einfingen. Als er schließlich veröffentlicht wurde, erhielt er kritisches Lob, aber noch wichtiger, er resonierte mit Lesern auf der ganzen Welt. Ich erhielt Briefe von Menschen, die von den Geschichten berührt worden waren, die ein Stück von sich selbst in den Seiten meines Buches gefunden hatten.

Ein Brief stach unter den anderen hervor. Er stammte von der jungen Kellnerin aus der Kaffeestube, die mir zuerst den Naschmarkt und das Jazzland empfohlen hatte. Sie schrieb darüber, wie mein Buch den Geist ihrer Stadt eingefangen hatte, wie es ihr Wien mit neuen Augen gezeigt hatte. Sie dankte mir dafür, dass ich ihre Heimat mit der Welt geteilt hatte, für das Einfangen der Magie und Schönheit, die sie schon immer gekannt hatte.

Ihre Worte brachten mir Tränen in die Augen. Ich erkannte, dass meine Reise einen vollen Kreis geschlossen hatte. Ich war auf der Suche nach Geschichten aufgebrochen und hatte dabei nicht nur meine eigene Stimme, sondern auch die Stimmen derjenigen gefunden, die mein Leben berührt hatten.

Jahre später kehrte ich nach Wien zurück. Die Stadt hatte sich verändert, wie es alle Städte tun, aber ihr Geist blieb derselbe. Ich besuchte meine alten Lieblingsplätze, stellte Verbindungen zu alten Freunden wieder her und fand neue Geschichten, die darauf warteten, erzählt zu werden. Wien war ein Teil von mir geworden, ein Kapitel im Buch meines Lebens, das ich immer schätzen würde.

Als ich an den Ufern der Donau stand und dem Wasser zusah, wie es vorbeifloss, fühlte ich eine tiefe Dankbarkeit. Die Stadt hatte mir mehr gegeben, als ich mir je hätte vorstellen können. Sie hatte mich gelehrt, wie mächtig Geschichten sein können, wie schön menschliche Verbindungen sind und wie wichtig es ist, mit einem offenen Herzen zu leben.

Und so, während ich meine Reise fortsetzte, trug ich die Flüstern Wiens mit mir, die Echos des Jazz und die Fußspuren der Menschen, die neben mir gegangen waren. Die Stadt war ein Teil meiner Seele geworden, eine zeitlose Melodie, die mich immer leiten würde, egal wohin der Weg mich führen würde.

Am Ende ging es nicht nur um die Orte, die ich besucht hatte, oder die Geschichten, die ich erzählt hatte. Es ging um die Reise selbst, die endlose Suche nach Bedeutung und Verbindung. Und solange ich weiterging, weiter erforschte und weiter schrieb, wusste ich, dass der Geist Wiens immer bei mir sein würde, ein Leuchtfebaken der Inspiration und Liebe.

Die Reise, nach all den Erfahrungen, endete nie wirklich. Sie nahm einfach neue Formen, neue Wege und neue Geschichten an. Und so setzte ich, mit meinem Herzen voller Erinnerungen und meinem Geist voller Möglichkeiten, meine Reise erneut fort, bereit, die nächsten Abenteuer zu umarmen und immer auf die nächste Note in der Symphonie des Lebens zu hören.

Zurück in den Staaten setzte ich mich intensiv mit der Veröffentlichung meines Romans auseinander. Die Resonanz der Leser war überwältigend. Menschen aus aller Welt schrieben mir Briefe, erzählten ihre eigenen Geschichten und wie meine Worte sie berührt hatten. Einer dieser Briefe kam von einem Verlag in New York, der mein Buch international veröffentlichen wollte.

Ich wusste, dass dies eine großartige Chance war, und so packte ich wieder meine Sachen und zog nach New York. Die Stadt war lebendig, chaotisch und voller Energie, und sie bot mir eine völlig neue Art von Inspiration. Doch während ich durch die Straßen von Manhattan wanderte und die Skyline auf mich wirken ließ, trug ich immer den Geist Wiens in mir.

Die Veröffentlichung meines Romans war ein großer Erfolg. Ich nahm an Lesungen und Signierstunden teil und traf Menschen, die meine Geschichten liebten und sie auf ihre eigene Weise interpretierten. Jede Begegnung war eine Erinnerung daran, wie stark die Verbindung zwischen Menschen durch Geschichten sein kann.

Ein Jahr später wurde mein Roman in mehrere Sprachen übersetzt, darunter auch Deutsch. Bei einer Lesereise durch Europa führte mich mein Weg natürlich zurück nach Wien. Die

Stadt hatte sich wieder ein wenig verändert, aber ihr Herz und ihre Seele blieben unverändert. Ich besuchte die Kaffeestube, das Jazzland und die Naschmarktstände, die zu meiner zweiten Heimat geworden waren.

Eines Abends organisierte Herr Müller, der Buchhändler, eine Lesung in seiner Buchhandlung. Der Raum war voll, und unter den Zuhörern sah ich viele vertraute Gesichter, darunter auch die junge Kellnerin, die mir den Weg zum Naschmarkt und Jazzland gezeigt hatte. Nach der Lesung kamen die Menschen zu mir, um über ihre eigenen Geschichten zu sprechen und wie mein Buch sie inspiriert hatte.

Es war ein bewegender Moment, und ich erkannte, dass Wien nicht nur ein Ort war, sondern ein Gefühl, eine Stimmung, die in den Herzen der Menschen lebte. Diese Stadt hatte mir so viel gegeben, und ich war dankbar, dass ich ihr etwas zurückgeben konnte.

Während ich durch die vertrauten Straßen Wiens spazierte, wusste ich, dass meine Reise noch lange nicht vorbei war. Es gab noch so viele Geschichten zu entdecken und zu erzählen. Und so beschloss ich, mich wieder auf den Weg zu machen, diesmal ohne festes Ziel, nur mit dem Wunsch, das Leben in all seinen Facetten zu erleben und die Geschichten, die ich fand, zu teilen.

Jedes Mal, wenn ich einen neuen Ort betrat, hörte ich den Klang von Wien in meinem Herzen – das sanfte Murmeln des Jazz, das Lachen der Menschen, die leisen Schritte auf dem Asphalt. Wien war mehr als nur eine Stadt. Es war eine Inspiration, ein unendliches Lied, das mich immer weitertrieb, um neue Melodien zu entdecken und sie in Worte zu fassen.

Die Reise ging weiter, und ich wusste, dass Wien immer ein Teil von mir sein würde, ein ewiger Begleiter auf meinem Weg durch die Welt. Egal wohin ich ging, die Erinnerungen und die Magie dieser Stadt würden mich immer begleiten, mich inspirieren und mir die Kraft geben, neue Geschichten zu finden und zu erzählen.

Mit jedem Schritt, den ich machte, jeder Geschichte, die ich schrieb, fühlte ich die Verbundenheit mit Wien, als wäre es der Herzschlag meines kreativen Lebens. Und so setzte ich meine Reise fort, im Wissen, dass die Geschichten niemals enden würden und Wien immer ein Teil von ihnen sein würde, ein ewiger Takt in der Symphonie meines Lebens.

Footsteps on the Austrian Asphalt

The first rays of dawn filtered through the train window as it chugged into Vienna, a city I'd only dreamt about while devouring thick, musty books on café culture and revolutionary art. I was fresh off a train from Prague, my rucksack slung over my shoulder like the tattered remnants of my old life. Vienna promised something new—a destination dripping with the romance of the past and the vibrancy of the now. I was searching for something here, something beyond the tourist-laden boulevards and the postcard-perfect squares. My name was Jack, and I was chasing the spirit of adventure.

I wandered aimlessly through the labyrinthine streets, my senses overwhelmed by the scent of freshly baked strudels wafting from corner bakeries and the distant echo of a street violinist. The city was a symphony, each corner a different movement. I was both audience and participant in this grand composition. I stumbled upon a little café, Der Kaffeestube, tucked away in a narrow alley. It was the kind of place Hemingway might have frequented, its walls adorned with photographs of poets and rebels.

Inside, the air was thick with the aroma of coffee and conversation. I found a seat by the window, the perfect vantage point to watch the world drift by. The waitress, a young woman with a shy smile and knowing eyes, brought me a steaming cup of Melange. "Enjoy your stay in Vienna," she said, her English tinged with a delightful Austrian lilt.

I nodded, smiling back. "Thank you. It's my first time here. Any recommendations?"

She paused, considering. "You should visit the Naschmarkt. It's not far from here. And if you're looking for music, try the Jazzland. It's a basement club near Schwedenplatz. You'll love it."

Her words felt like secret keys to the city. I scribbled them down in my notebook, each a promise of discovery. After finishing my coffee, I paid and set off for the Naschmarkt. The market was a sensory overload, a riot of colors and sounds. Stalls overflowed with fresh produce, exotic spices, and local delicacies. Vendors called out their wares, their voices blending into a cacophony of sales pitches and friendly banter. I wandered from stall to stall, sampling cheese and olives, my taste buds dancing with each new flavor.

At a small stall run by an elderly couple, I bought a slice of Sachertorte. The chocolate melted in my mouth, a sweet symphony that felt like a tribute to the city's culinary history. I thanked them with a nod and moved on, my eyes catching the sight of an old record store at the edge of the market.

Curiosity pulled me in. The store was a treasure trove of vinyl, each record a potential discovery. I flipped through the stacks, my fingers brushing against the worn covers of jazz albums and classical symphonies. The owner, a gray-haired man with glasses perched on the edge of his nose, watched me with a bemused expression.

"Looking for something specific?" he asked, his voice gruff but friendly.

"Just browsing," I replied. "Any recommendations?"

He pondered for a moment before pulling out a record from a hidden shelf. "Try this. It's a live recording from Jazzland, 1965. Rare find."

I took the record, feeling its weight in my hands. The cover was worn, the edges frayed, but it held a promise of something timeless. I bought it without hesitation, tucking it safely into my rucksack.

As the sun dipped below the horizon, I made my way to Jazzland, following the directions the waitress had given me. The club was hidden in a basement, its entrance marked only by a small sign and the distant hum of a saxophone. I descended the narrow stairs, each step echoing with anticipation.

Inside, the air was thick with smoke and the murmur of voices. The band was warming up on a small stage, their instruments gleaming under the dim lights. I found a seat at the bar, ordered a beer, and settled in for the night. The music began, a soulful blend of saxophone and piano that washed over the audience like a warm embrace.

I lost myself in the rhythm, my foot tapping in time with the beat. The bartender, a middle-aged man with a knowing smile, leaned over and introduced himself as Franz. "Enjoying the music?" he asked, his voice barely audible over the jazz.

"It's fantastic," I replied. "I bought a record today from this place, recorded in 1965. Do you know anything about it?"

Franz's eyes lit up with recognition. "Ah, that was a legendary night. The band was on fire, and the crowd... they were part of the music. You've got yourself a piece of history there."

I smiled, feeling a deeper connection to the city. As the night wore on, I struck up conversations with the locals, their stories weaving a rich tapestry of Vienna's past and present. Each person I met added a new note to the symphony of my journey.

The next morning, I woke early and decided to take a day trip to the countryside. I boarded a train bound for Hallstatt, a village nestled between towering mountains and a pristine lake. The journey was a meditation, the rhythmic clatter of the train tracks lulling me into a reflective state.

Hallstatt was a postcard come to life. The pastel-hued houses clung to the mountainside, their reflections shimmering on the surface of the lake. I wandered through the village, each step a new discovery. The Gothic Hallstatt Lutheran Church, perched on a hill, offered a breathtaking view of the lake below. The Bone House, with its macabre yet fascinating collection of painted skulls, spoke of the village's unique blend of beauty and mortality.

I spent the day exploring, my notebook filling with sketches and observations. As the sun began to set, casting a golden glow over the landscape, I found a quiet spot by the lake to sit and reflect. The water lapped gently at the shore, a soothing rhythm that mirrored my heartbeat.

In that moment, I felt a profound sense of peace. The restlessness that had driven me to travel, to seek out new experiences and stories, seemed to melt away. Vienna, with its vibrant culture and rich history, had given me more than I could have ever imagined. And Hallstatt, with its serene beauty, had provided the perfect counterpoint, a reminder of the simple joys in life.

As I made my way back to Vienna, I knew that my journey was far from over. There were still countless stories to discover, hidden in the corners of this city and beyond. But for now, I was content to let the rhythm of Vienna guide me, each step a dance to the city's timeless tune.

Back in Vienna, I continued my exploration with renewed vigor. I visited the Belvedere Palace, its grand halls echoing with the footsteps of history. The art, the architecture, the very air seemed to hum with stories waiting to be told. I sat in the palace gardens, surrounded by the scent of blooming flowers, and let my mind wander, the past and present intertwining in a dance of inspiration.

One evening, while wandering the streets, I stumbled upon a small bookstore, its windows cluttered with books old and new. Inside, the air was thick with the scent of aged paper and ink. The owner, a scholarly man with a gentle demeanor, greeted me warmly. His name was Herr Müller, and he had an encyclopedic knowledge of Vienna's literary history.

We struck up a conversation, and I mentioned my travels and the novel I was working on. Herr Müller listened intently, his eyes twinkling with interest. "You must visit the Café Central," he said. "It was a hub for writers and intellectuals, a place where ideas flowed as freely as the coffee."

Taking his advice, I made my way to Café Central the next day. The grandeur of the place was breathtaking, with its high ceilings, ornate chandeliers, and marble columns. It was easy to imagine the likes of Freud, Trotsky, and Kafka sitting at these very tables, deep in thought and conversation.

I found a seat by the window, ordered a coffee, and let the atmosphere envelop me. The café was bustling with patrons, each one seemingly lost in their own world. I pulled out my notebook and began to write, the words flowing effortlessly. The stories of Vienna, the people I'd met, the music I'd heard, all came together in a harmonious chorus.

As the days turned into weeks, I continued to immerse myself in the city's vibrant culture. I attended concerts at the Musikverein, losing myself in the symphonies of Mozart and Beethoven. I explored the Prater amusement park, its giant Ferris wheel offering a stunning view of the city below. Each experience added a new layer to my understanding of Vienna, a city that seemed to defy definition.

One afternoon, while wandering through the district of Leopoldstadt, I stumbled upon a street festival. The air was filled with the sounds of laughter, music, and the clinking of beer glasses. Food stalls lined the streets, offering everything from bratwurst to schnitzel. I joined the revelers, sampling the local delicacies and soaking in the joyous atmosphere.

As the festival wound down, I found myself in conversation with a group of young artists. They were passionate about their craft, their eyes alight with dreams and aspirations. We spent hours discussing art, literature, and the meaning of life, their enthusiasm infectious. They invited me to their studio, a converted warehouse filled with canvases, sculptures, and the scent of fresh paint.

In that studio, surrounded by creativity and inspiration, I felt a deep sense of belonging. These were my people, kindred spirits who saw the world through a similar lens. I found myself drawn to their energy, their passion igniting a fire within me. They were not just artists but revolutionaries in their own right, challenging the status quo and pushing the boundaries of what was possible.

The days in Vienna passed in a whirlwind of creativity and exploration. I found myself frequenting the artists' studio, collaborating on projects, and exchanging ideas. My novel began to take shape, each page infused with the spirit of the city and the people I had come to know.

One evening, the artists invited me to a party in a loft overlooking the Danube. The room was filled with laughter, music, and a palpable sense of camaraderie. I mingled with poets, musicians, and dreamers, each one adding a unique note to the symphony of the night. We drank, danced, and shared stories, the boundaries between us dissolving in the warmth of the moment.

As the night wore on, I found myself standing on the balcony, the city spread out before me in a tapestry of lights. The Danube shimmered under the moonlight, its gentle current mirroring the flow of my thoughts. I felt a deep sense of gratitude for this city, for the experiences that had shaped me, and for the people who had welcomed me into their lives.

The next morning, I woke with a sense of purpose. I knew that my time in Vienna was drawing to a close, but I also knew that the city would always be a part of me. It had given me stories, friendships, and a renewed sense of self. I spent my final days revisiting my favorite haunts, saying goodbye to the people who had become my family.

On my last night in Vienna, I returned to Jazzland. The familiar strains of the saxophone greeted me as I descended the stairs, the music wrapping around me like a warm embrace. Franz, the bartender, greeted me with a knowing smile. "Back for one last night?" he asked, sliding a beer across the bar.

I nodded, feeling a pang of nostalgia. "I'm heading back to the States tomorrow. But I couldn't leave without one more night of jazz."

Franz nodded in understanding. "Vienna will miss you, Jack. You've become part of the rhythm of this place."

I smiled, feeling a lump in my throat. "And I'll miss Vienna. This city has given me more than I ever expected."

The music that night was transcendent, each note a farewell and a promise. I lost myself in the rhythm, letting the music carry me away. As the night drew to a close, I felt a sense of peace. My journey in Vienna was ending, but it had given me the stories I needed to move forward.

The next morning, I boarded a train bound for Paris, the first leg of my journey back to the States. As the train pulled away from the station, I watched Vienna fade into the distance, the city's silhouette etched into my memory. I felt a mixture of sadness and excitement, knowing that new adventures awaited but also that a piece of my heart would always remain in Vienna.

As the train sped through the Austrian countryside, I pulled out my notebook and began to write. The words flowed easily, a testament to the inspiration I had found in Vienna. I wrote about the people I had met, the music I had heard, and the moments of beauty and wonder that had defined my journey. Each word was a tribute to the city that had welcomed me with open arms and changed me forever.

When I arrived in Paris, I felt a renewed sense of purpose. The city of lights offered its own brand of magic, its own stories waiting to be discovered. But as I wandered the streets of Montmartre and sipped coffee in the shadow of the Eiffel Tower, I carried with me the spirit of Vienna. The melodies of Jazzland, the conversations in Der Kaffeestube, and the vibrant energy of the artists' studio were woven into the fabric of my being.

In the months that followed, I finished my novel. It was a love letter to Vienna, a tapestry of stories and experiences that captured the essence of the city. When it was finally published, it received critical acclaim, but more importantly, it resonated with readers around the world. I received letters from people who had been touched by the stories, who had found a piece of themselves in the pages of my book.

One letter stood out among the rest. It was from the young waitress at Der Kaffeestube, the one who had first pointed me toward the Naschmarkt and Jazzland. She wrote about how my book had captured the spirit of her city, how it had made her see Vienna through new eyes. She thanked me for sharing her home with the world, for capturing the magic and the beauty that she had always known.

Her words brought tears to my eyes. I realized that my journey had come full circle. I had set out in search of stories, and in doing so, I had found not just my own voice but also the voices of those who had touched my life.

Years later, I returned to Vienna. The city had changed, as all cities do, but its spirit remained the same. I visited my old haunts, reconnected with old friends, and found new stories waiting to be told. Vienna had become a part of me, a chapter in the book of my life that I would always cherish.

As I stood on the banks of the Danube, watching the water flow by, I felt a deep sense of gratitude. The city had given me more than I could have ever imagined. It had taught me about the power of stories, the beauty of human connection, and the importance of living with an open heart.

And so, as I continued my journey, I carried with me the whispers of Vienna, the echoes of the jazz, and the footsteps of the people who had walked beside me. The city had become a part of my soul, a timeless melody that would always guide me, no matter where the road might lead.

In the end, it was not just about the places I had visited or the stories I had told. It was about the journey itself, the endless search for meaning and connection. And as long as I kept moving, kept exploring, and kept writing, I knew that the spirit of Vienna would always be with me, a beacon of inspiration and love.

The journey, after all, never truly ends. It simply takes new forms, new paths, and new stories. And so, with my heart full of memories and my mind brimming with possibilities, I set off once again, ready to embrace whatever adventures lay ahead, always listening for the next note in the symphony of life.